textos para lembrar de ir à praia

PRÊMIO MARAÃ DE POESIA 2019
Livro Vencedor

textos para lembrar de ir à praia

rodrigo luiz p. vianna

Copyright © 2020 Rodrigo Luiz Pakulski Vianna
Textos para lembrar de ir à praia © Editora Reformatório, Editora Patuá

Editor
Marcelo Nocelli

Revisão
Marcelo Nocelli
Natália Souza
Rodrigo Luiz P. Vianna

Imagem de capa
Caio Lima (instagram@6caio)

Design e editoração eletrônica
Negrito Produção Editorial

Dados Internacionais de Catalogação na Publicação (CIP)
Bibliotecária Juliana Farias Motta (CRB 7-5880)

Vianna, Rodrigo Luiz P.
    Textos para lembrar de ir à praia / Rodrigo Luiz P. Vianna. – São
Paulo: Reformatório: Patuá, 2020.
    128 p.; 14 x 21 cm.

    ISBN 978-65-88091-10-4
    "Livro vencedor do Prêmio Maraã de poesia 2019"

    1. Poesia brasileira. 1. Título.
v617t   CDD B869.1

Índice para catálogo sistemático:
1. Poesia brasileira

Todos os direitos desta edição reservados à:

EDITORA REFORMATÓRIO
www.reformatorio.com.br

para leticia e o que criamos juntos

para a memória que crio de meu pai

sumário

11 no grão de areia, debaixo da unha
JEANNE CALLEGARI

15 **escrito na areia**

19 *antes de sair*
25 projeto
26 sol de maio
28 a areia em minhas unhas
29 à deriva
30 a onda torna a existência do barco
31 chuva dos peixes
32 conchas ao lado das flores
33 colecionando oceanos
34 *a memória do mar emerge*
35 aforismos para chegar à praia
36 lapso
37 *desfiar a palavra*
38 monólogo na água
40 a isca na ponta da língua
41 coberto
42 falésia
43 falésias de milo
44 de lama
45 *o cabelo seco ao sair das águas*

46 em ondas

47 no meio do mar

48 miragem

49 *o líquido em mim dói quebrado rompe*

50 a espera nos teus olhos

51 de nossa viagem a punta del diablo

52 verão

53 albatroz

54 *o tempo retido no barco submerso*

55 *o descanso das ondas*

56 mar aberto

58 fazemos das telhas partituras
(ou a desestruturação da casa de praia)

60 horas observando o mar

61 tesoura na água

62 falésia (que fiz lápide)

63 **ampulheta**

73 **pérola**

77 p 1

78 p 2

79 p 4

80 p 5

81 p 6

82 p 9

83 p 11

84 p 12
85 p 16
86 p 17
87 p 18
88 p 19
89 p 20
90 p 21
91 p 22
92 p 23
93 p 25
94 p 26
95 p 27
96 p 28
97 p 31
98 p 32
99 p 33
100 p 35
101 p 36
102 p 37
103 p 39
104 p 41
105 p 43
106 p 45
107 p 47
108 p 48
109 p 49
110 p 50
111 p 51

112 p 52
113 p 53
114 p 54
115 p 55
116 p 58
117 p 59
118 p 63
119 p 66
120 p 69
121 p 75
122 p 81

No grão de areia, debaixo da unha

Um corpo, não um corpo qualquer, o corpo da pessoa amada, respira; com a respiração, ondula o peito, e com ele, um colar de pérolas. Nesse instante, o poeta *vê*. Décadas atrás, uma ostra invadida por um grão de areia. A dor do molusco que, para se proteger, envolve o invasor em madrepérola, ou nácar, a mesma substância do interior de suas conchas. O surgimento da pérola, após anos e anos de labor milimétrico, paciente. O fio de ouro que a atravessa, já recolhida, junto a outras. Seu brilho, a face cheia da lua, pequenas gemas da água, nascidas do desastre, do corpo estranho. *Lembranças da espuma*.

Operações lentas, delicadas, de transmutação. Detalhes assim, os mais íntimos, são os que captam a atenção do poeta. Em astrologia, o arquétipo de Virgem: da ordem da minúcia, do gesto mínimo, também um forte senso de critério, de crivo. A Virgem não é espalhafatosa como o Leão, que a precede no Zodíaco. Como o poeta, ela fala baixo, é discreta e elegante, não entende a razão de tanto barulho. Como ele, melancólica. *O sol murmura um amarelo*. Sem histrionismo. Os gritos, quando surgem, são *inúteis de tão sutis*.

Em silêncio, porque essa é uma poesia que se faz em silêncio, devagar, porque essa é uma poesia que se faz devagar, o poeta *vê*. Em um segundo, a passagem do tempo. A praia invade os arranha-céus. *Enferruja a cidade*. Resíduos da vida decantando lembranças. Porque essa é uma poesia que se faz de lembranças.

> *a memória é uma ilha*
> *à mercê das marés*

À memória como ilha de edição, como quis Waly, o poeta contrapõe uma ilha mesmo, areia cercada de água por todos os lados. Mas não menos caprichosa que a do poeta baiano. *Horas observando as ondas / não emerge / padrão algum*. Sempre frágil, a memória. Arbitrária. Em seu castelo, *surge uma claraboia que não estava ali*.

Tão perecível quanto um nome é a chuva. Repare que não é o contrário, não é o nome que é efêmero como a chuva. Está dado que nomes, fatos, memórias se vão. São tantas as ausências, as coisas que se desfazem. *Perder o estritamente necessário / para a água*. Uma casa de praia se desestrutura, e com ela a infância vivida. Seria bom poder organizar as perdas, aprender *como deliberadamente esquecer*. Algum sistema, algum método. Mas não é assim que funciona: é a *tesoura na água*. O poeta sabe. Mas, às vezes, a recusa é mais forte.

> *esculpo na pedra tudo*
> *que a água lhe tirou*

Em silêncio, o poeta *vê*. Mas às vezes nem queria. *Paro a palavra na / praia*. Seria bom permanecer ali, ao sol. O descanso das ondas, coelhos no céu, de férias da linguagem. A epígrafe de Bandeira: *Quero ser feliz / nas ondas do mar.* Ou a de Hilda: *Despe-te das palavras e aquece-te.* O canto da sereia, a vontade de entrega, dissolver os limites entre o corpo e a praia. Ir para um território além do tempo – o fundo do mar, talvez, onde residem os barcos submersos e os peixes abissais.

Aí é que reside o perigo, a razão por que Ulisses pede que seja amarrado ao mastro. É preciso lembrar-se que há um nome. Ao fim e ao cabo, é necessário não se perder, não perder a identidade. Nomear, catalogar, compreender. Mas será mesmo? Szymborska é convocada para o contraponto: o grão de areia não se diz grão, nem areia, e vive perfeitamente bem. Talvez a questão seja de outra ordem: a *compulsão de construir / um castelo com um grão de areia.* Não à toa é evocado também João Cabral, que preferia o inútil do fazer ao do não-fazer.

Em silêncio, o poeta olha. E vê. Um deserto, uma *ampulheta sem vidro.* Ecos de Orides: aridez, secura. E precisão. Dizer muito com pouco, e ao mesmo tempo, a impossibilidade do dizer, o fracasso da linguagem. *Escrevo em areia.* Não há atalhos no oceano, areia é labirinto, e o labirinto é tudo que se imagina. Albatroz desenhado numa pincelada: ecos de haicais, de Baudelaire. *Todo triângulos / o grão é inúmeras / dunas.* Numa piscadela para Haroldo, tirar as palavras, e o próprio concreto, pra dançar: *enquanto valsas / campos em galáxias.*

Às vezes, salta uma palavra mais sisuda, mais *literária.* São, em geral, concessões ao som. Assonâncias, aliterações. Temos música, e em poesia, como se sabe, bom ouvido é meio caminho. *Um prego de ouro atravessa / a pele à pérola.* O poeta volta com frequência a algumas imagens, como quem olha um prisma sob a luz, a testar a incidência de cores, curioso sobre seus múltiplos ângulos. A areia é deserto é ampulheta é pérola é lua. *O irregular transita geometrias / se lapida em círculo.* E assim como são múltiplos os ângulos, são diversos os engenhos dos textos, a técnica, variadas as formas e tamanhos e recursos.

> *todas as constelações com os dedos*
> *em ti invento signos*
> *costurando na unha tuas sardas*

Mais importante que a técnica, e no mesmo patamar que o ouvido, talvez seja a percepção. Reconfigurar o conhecido: a dose exata entre evocar o familiar e produzir um espanto, nova forma de ver. Inverter enunciados: *sou eu quem chama as sereias,* ainda que não se saiba andar sobre as águas. Os versos aqui não são apenas belos e delicados, mas carregam também pensamento. Proposições sobre tempo e memória. *A areia é um fragmento de areia.* Devagar, o poeta *vê.* Para além dos arquétipos da Virgem ou do Caranguejo – que rege a memória –, inventar novos signos. *Nas mãos o mínimo / de oásis.* A partir de sardas ou de um grão de areia, desenhar, na unha, ampulhetas e constelações.

JEANNE CALLEGARI

escrito na areia

este prédio só poderia existir
na ausência do mar

ANA MARTINS MARQUES

Despe-te das palavras e te aquece.
Toma nas mãos esses odres de terra
E como quem passeia, leva-os ao mar.
Se tudo te foi dado em abundância
O sal e a água de uma maré cheia
Eu te darei também a temperança.

HILDA HILST

antes de sair
de casa encho os tênis
de areia os pés
assegurando a praia

elaboro o mar

distribuo areia em todas
as direções criando perspectivas
de praias

com os bolsos repletos e mais uma mochila de praias

conchas nos ouvidos   [a distância progride

transformo um caminho
de pedra em areia

preciso do (a)real dentro dos tênis

ando sob fios de alta
tensão e as aves
que ali convocam seus descansos

(os fios incitam um meio, um caminho
     – avenida, marionete do arquiteto)

vejo as falésias enumeradas
diariamente
cedendo algo às águas

– sob as nuvens
congelado tudo em cinzas
: a areia do fogo –

                              [a distância progride

o meu parentesco com a cidade
se vê nos olhos sob os vidros

a textura da areia em um porto
espaço construído pra ser origem

um cais inventa começo e ocaso

o caos atracado em segurança

o ancoradouro é uma trilha autorizada
de madeiras alinhadas para caminhar
sobre as águas de concreto

herdeira de um naufrágio a mesma faixa
– a travessia do mesmo dia –
do mesmo disco nas mesmas orelhas
até a bateria acabar com a música

                              [a

(naufrágios só acontecem na água
como as falésias?)

                              progride

o mar estará sempre à frente
é preciso andar até ele
contra o vento, se
preciso

conchas nos ouvidos

as praias compostas de areia de oceano
resistem à arquitetura

cada grão é o princípio
da trincheira
defendendo a ocupação do oceano
no continente

a bandeira vermelha anuncia a revolução das marés

o despertador de uma sirene

o convite da lua para a maré
e as ondas se unem à areia e inundam e arranham

o piscar vermelho iluminando o mar
        soterrando a rua

(teus olhos em marielle inventando a normandia
em um dia normal de

uma maresia que desestrutura satélites)

as praias irão invadir os arranha-céus

                        [

ando por uma praia
que enferruja
a cidade – seu pélago exposto pela crista

a minha velocidade é a dos pés

procuro entender cada onda
que encalha as algas

o homem que pesca desviando dos cardumes

as tarrafas jogadas ao céu
recolhidas ainda na espuma

o início da viagem de cada peixe

durante o tempo da areia
todos os silêncios das ondas são um oceano
castelos com a areia da minha praia

conchas

para resistir ao tempo
passo
areia, onde calço
a alavanca

a areia desvenda os objetos
a estrutura aflorada

(pérola por acaso
é carcaça
para quem procura a lua com as mãos
colecionar grãos de areia em um baú)

o que era sedimento agora
é desejo
guardado em brinco numa caixa de música

o pó não é mais dejeto
mas o voo invisível
     é a areia eliminada de seus excessos

     nos ouvidos

mesmo a superfície lunar transformo em praia
desvendando um mar para toda aquela areia
clara esgarçada ao longo da noite

já é noite e me percebo
olhando o reflexo
da lua nas ondulações angulares
dos vidros desligados no meu bairro

estou em casa

preparo a palmilha de areia para amanhã

prismo o ritmo dos meus pés

o sol murmura um amarelo

projeto

em ponta de agulha e porém acessível
João Cabral de Melo Neto

a compulsão de construir
um castelo com um grão de areia
lupas agulhas lâmpadas que desaceleram

no quarto a cidade adormece

esculpe o desafio
o sonho do castelo com um grão de areia
lupas agulhas lâmpadas

no quarto um escuro montado
o grão que concentra toda a luz

– dedos talhados –
os chamados atrás da porta são silêncio

um castelo construído com agulhas

um deserto como matéria-prima

perde um castelo sob a unha

sol de maio

tua respiração se regula na praia

o rigor em cada espaçamento espraias

transformo a palma numa ampulheta viva

lançando o tempo sólido em tua barriga

inebrio o teu incêndio controlado

te torno um castelo de instantes aerados

a ética do riso que te aflora a infância

vindo do desobedecer a constância

perturbo teu horizonte por um lapso

para ver surgir no teu rosto meu máximo

criamos o modo que a perícia perdura

a circunstância tem vida e espessura

dedos costuram candura com areia

nós em recusa do desterro alheios

ao som que a sereia oprime em quem respira

ensurdecendo o cotidiano na lira

a milonga solta de um vento de aço

passageira do que respiro e esgarço

registro o xis na fórmula da anarquia

ares de praia em maio, sol de luz fria

a areia em minhas unhas

tatear a areia por não sentir o corpo
e cobrir de grãos a pele sem contorno

(até o vento é ausência na boca)

e esperar
com os olhos, a água
retornar

     na maré alta, tocar meus pés
que não podem ir ao teu encontro
– porque ainda não sei andar com as águas
apenas escuto a forma que se esconde

me agarro à terra
o continente é áspero
e entra sob minhas unhas

há muito espaço entre as palavras e o hiponíquio

sou eu quem chama as sereias
por um delírio de dorso
de cantar líquidos

à deriva

a memória é uma ilha
à mercê das marés

madeira pregada
na areia
aguardava água
alta
para virar barco

a onda torna a existência do barco

oceano sobre o mar
plúmbeos presos se movimentam
– buscam o retorno pra casa

o ar decanta o corpo

chove cinzas nos peixes

estamos sob as águas
: a cidade à espreita da praia e eu
e você
atrás do que persiste nas sereias

a onda é a casa do barco

chuva dos peixes

a onda esconde a sua forma
no mar cinzas
se misturam às nuvens

tão perecível quanto um nome é a chuva

cinzas caindo dos céus da minha mão
uma memória arbitrária caindo
nas águas
      um mar inteiro em um estreito
      como um corpo
      de areia na palma

o que decanta é a chuva possível dos peixes

conchas ao lado das flores

> *O resto é mar*
> *É tudo que eu não sei cantar*
> Antônio Carlos Jobim

espirais em uma concha
como
fibonacci canta

de memória

a maré calma

sem água fazemos
da nossa casa a pauta
do oceano

colecionando oceanos

a praia em pedras
lima sem gaivotas

a violência do braço alcançar
a terceira onda

rochas nunca mais unidas

o mais próximo do pacífico que estive
é esse passeio sobre as falésias esquentando o café

tua mão existindo meu bolso

a espuma como mapa
subtraindo caminhos
    o guardanapo indulgente com o azul

um novo oceano se abre pra nós

o terceiro na ponta
dos dedos em pleno
inverno

                    braçadas ao longe

ao Ismar Tirelli Neto

a memória do mar emerge

o cartão-postal desmagnetizando o sonar
enquanto o periscópio percorre a procura
olhos em uma linha familiar
constante de ondas
todas as direções de um só resultado

aforismos para chegar à praia

cartografar durante o terremoto

.

ler o mapa feito partitura

.

uma lâmina que altera as rotas de um mapa
retas sobre montanhas não projetam o tempo certo

.

uma carta sem remetente não é um mapa
(o que diz uma carta sem remetente?)

.

usar as palavras da carta como legenda
não feito trilha

lapso

pedra faz falésia
na perda pela água herda
olhar amnésia

desfiar a palavra
enovelada nos dedos entre as ondas dos teus cabelos

o ruído é a lua
todas as cores sob o mar

o labirinto se despedaça aos ouvidos

monólogo na água

This is water
DAVID FOSTER WALLACE

a linguagem de um peixe abissal
que não vê a água em seus movimentos

    revolução elíptico da lua
    ao redor da terra afetando
    as águas que ligam continentes
    fluindo brânquias de robalos
    criando dia noite perigeu diana

colho o que acontece   com minhas próprias mãos em
concha

na transparência áspera
do mar ver os pés
gestos difíceis em um invisível

       há um monólogo sem música como isca
a rede recolhida entre os dedos
(segredos aos olhos dos peixes)
a transparência entrecortada para lidar com cardumes

não há traços ou atalhos no oceano
as mudanças de direção
acontecem na vontade

o baque dentro da onda

as ondas têm gritos inúteis
de tão sutis

encontrar espaços entre os fios
mover-se rápido na densidade da água

        solstícios invertem a noite
é preciso lembrar-se que há um nome
para a invisível água que nos cerca
para poder descrever a água
separar a água do ar

a isca na ponta da língua

a sombra da água no peixe
as escamas auxiliando o movimento da luz
em seus encaixes líquidos uma oscilação
impulsiona

o arbitrário é uma prática

fronteiras de uma palavra
são água

coberto

ao Roberto Luiz Vianna

escrevo em areia
        os dedos arrastam o que se quer continente
o nome
                invariável sendo produzido
            à mão
vem em   ondas
                comunicam na forma

        (((   )))

todo seu
            o som se torce na beira
mar aberto
          os invisíveis que se fundem
em mim
           a boca acolhe a água

falésia

       na beira
da memória constrói um castelo – torres
         paredes
   não
seguram os pregos dos retratos
   (sorrimos no vidro) as cadeiras ao redor
   da mesa se movem
   os vasos de antúrios ao lado dos discos
girando em busca do som do mar
      a cafeteira (fervia ainda cheia)
dissolvendo maresia sobre a pia
de mármore, a cama
      coberta por ondas e um lençol
   de seda, espuma
esculpindo um tapete

      surge uma
   claraboia que não
estava
   ali

(nos olhos a praia de não ver desertos)

falésias de milo

pedra pole a água
lapida ao longo da vida
as faltas da estátua

de lama

à Leticia Pakulski

areia, eu
e ela me traz
água do mar nos seus cabelos

somos a praia deitados
na leve estampa que flui ao sol
sob a fala nas palmeiras
     – folhas que nos cobrem   o céu
estilhaçado

(cores explicam o caleidoscópio
sob teu corpo
e os tecidos são apenas luzes)

e a lama é apenas a fina camada
que une oceano e continente

     na memória dos chinelos segurarem o chão
as besteiras que sorrimos na travessia
     exauridas na água de coco
tua boca

o cabelo seco ao sair das águas
e o pássaro na estante
desperdiçam o azul

em ondas

quando azuis se tocam
na linha ilha dos meus olhos
ouço a cor em ondas

no meio do mar

quando azuis se fundem
da fonte até o horizonte
vibra paz profunda

miragem

seca de imagens do presente
sai pedra
a rolar

ruído de sísifo
o ar mudado
em avalanche de areia

nas mãos o mínimo
do oásis

o líquido em mim dói quebrado   rompe

barragem de barro
o rápido em que se rasteja o rio
sem margens em mar

a terra é a hermenêutica da   água

a espera nos teus olhos

a espera é
    uma areia toda lírica
o vermelho recolhendo todo sol

a produção de cada crepúsculo
absorve cada dia

o escuro é nada mais
que a exaustão da leveza
capturada

as estrelas são todas
as pedras livres da gravidade

desbravamos

de nossa viagem a punta del diablo

uma piscina seca que tomamos casa

      azulejos trincam o azul
estalos abaulados

(o retrato o martelo o prego o furo a água)

do buraco da parede entra
o mar

(tapetes espuma)
a porta (o barco)

         (o retrato a escada a borda)

(o cais) o registro

: caminhávamos em uma praia que abarca todas
as ausências que contemos

a fotografia dentro de um aquário

verão

seis camisas dez
um goleiro dois chinelos
muitos grãos de areia

albatroz

> *As asas de gigante impedem-no de andar*
> CHARLES BAUDELAIRE

> *As palavras.*
> *ainda úmidas e impregnadas de sono,*
> *rolam num rio difícil e se transformam em desprezo*
> C.D.A.

albatroz não pousa

atrás de riscos nas águas
pesca o que é preciso

o tempo retido no barco submerso
oxida tudo que fora
roubado

da praia não vemos
nem mesmo os crustáceos usando talheres

Quero ser feliz
Nas ondas do mar
MANUEL BANDEIRA

o descanso das ondas
do mar memoro de ver coelhos
no céu. peludos.

um sentimento útil ao sol

paro a palavra na
praia.

o som inteiro cabe numa
vírgula
(que música fazer com a areia?)

o chão me cava
meus pés moram agora
no mesmo quarto da tatuíra

descubro
posso não sair

mar aberto

	mar	aberto
quero esti	mar	
de	mar	car mas
sem a	mar	rar os olhos
nos	mar	cos
	mar	ginais
sem	mar	telar
o a	mar	elo no ar
ou cre	mar	o verde
sem perfu	mar	os tons de azul
ou blasfe	mar	o que é limite
não quero fir	mar	
for	mar	
ar	mar	
progra	mar	a metragem
das	mar	és

mas re mar

rit mar o caminho

confor mar a harmonia

ao apru mar a vela

arru mar o elo com o vento

apenas tra mar a ventura

e ao final acal mar

ao mar asmo

e cla mar o percurso

como o perímetro
da mor te

fazemos das telhas partituras
(ou a desestruturação da casa de praia)

1.

passou a comprar aquários
    a água não é um objeto
    (ele a descreve pelo vidro)

a chuva na parede do aeroporto
(janelas que não abrem)

a imagem dela molhada
no som do zinco
    fragmentos de telhas em anzóis
    iscas contra os peixes abissais

2.

colecionava águas
potes de geleias com orvalho
moluscos nadando na chuva
partituras encharcadas de oceanos
um rio esculpido em teu corpo
reproduções de um avião que avança nas nuvens

3.

esvazia a estrutura da casa
(poesia feita de sumários)
geometria salva apenas nas colunas
        vértices que lembram a grécia
        onde não está
emula a separação pelo vidro

fragmentos
(safo o templo a mortalha)

conserva a argila das telhas
        – chão antes do céu

a água da chuva penetra na terra
enquanto descansa sob a partitura
        perder o estritamente necessário
        para a água

4.

enxame de gotas ataca
a camisa tem o peso do céu
um aquário junto ao corpo

horas observando ondas
não emerge
padrão algum
uma mancha gráfica que brinca
com o branco o azul
borrões marcam as casas de praia
paredes mareadas
não deixar bicicletas no inverno
desligar o disjuntor
testar cadeados
tentar mais uma vez estar
na semana que vem
no mesmo lugar que você
sublinhar um período em um livro

tesoura na água

o oceano é um palimpsesto

um crustáceo na língua

asa feita de escamas

como deliberadamente esquecer

me pergunto se existem gatos canhotos
enquanto tento fotografar um relâmpago com câmera
analógica desde a areia

deixar que as ondas juntem
fotogramas dispersos
recortados na beira da praia

falésia (que fiz lápide)

à Maria Helena Vianna

Estás nu na areia, no vento...
Dorme, meu filho.
C.D.A.

esculpo na pedra tudo
que a água lhe tirou

ampulheta

mescladas
a esmo:
o fim o infinito
o mesmo

a hora e sua
seta
o limite e o após
a meta
o justo e o demais
também
— a beleza e seu
além.

ORIDES FONTELA

I.

há um deserto produzido por toda a areia
dentro de um perímetro

ampulheta sem vidro

II.

de deserto, dedos
erguem areia

retas e arestas
paredes e aberturas
barreiras

caminhos montados com combinações
arranjos de não destinos

mãos moldam o que
julgam dominar: o grão

grãos de areia construindo a elipse

III.

no deserto, observa-se
a areia agora também é labirinto

espaço imaginado
desde a areia

deserto é um terreno fértil

IV.

deserto sem areia
é o labirinto que se vê preso
atrás dos olhos
dentro

há emaranhado de caminhos

geometria transparente

V.

o vidro não impõe barreiras ao tempo

grãos de areia esvaziados nas mãos

desmonta o deserto nos olhos

o labirinto é tudo
o que se imagina

VI.

no construir até a saída
labirintos são sempre construídos

o labirinto escorre em uma linha

pérola

Nós o chamamos de grão de areia,
mas ele não se considera nem grão nem areia.
Vive perfeitamente bem sem um nome
WISLAWA SZYMBORSKA

I.

uma pérola em paralaxe

toda textura
depurada
areia
na obediência da beleza

2.

um prego de ouro atravessa

a pele à pérola

deitada sob o ouvido

anos escondendo a areia

4.

os verbos envolvem

nácar ( ) branco

cores girando rápidas num círculo

5.

o som da areia se esquecendo
pérola
em pleno ouvido

6.

na superfície não mostra
    a lua que brota

ondas lunares
a noite movimenta o desenho do céu

ismália atrás da areia
vista de sua torre

o desastre
(a morte da ostra)
por uma trilha de areia no pescoço

um colar de pérolas
aperta o esôfago

9.

o resgate da textura atacada

inúmeras
trilhas do verbo tempo
no traço sobre o peito

II.

um acaso de areia
é destino em concha
(o grito é verbo silêncio
em uma boca fechada)

o irregular transita geometrias
se lapida em círculo

da areia dos olhos
uma pérola se constrói
(o que não se alcança)

o desastre da ostra
transforma a
orelha decorada

12.

pura
para além da pérola
que a encobriria lua

a areia
arranha o vidro
ao vento

16.

dentro de uma boca
(a prosopopeia da ostra)
toda uma pérola cresce
a não ser
vista ao fundo

do mar

17.

mar movimenta o desenho da noite

as pérolas presas no peito
ondulando unidas
        lembranças da espuma

18.

todas as areias para
um só castelo

não haverá pérola até a maré alta

19.

     grito
trancado na arapuca (pérola)

a morte da areia
lenta
mumificada no teu brinco

20.

sussurro à areia
em tua orelha

lua

e se cumpre a pérola
completa destino

inúmeras palavras dentro do mesmo corpo

21.

se atira à ostra (boca selada)
no desespero de ser pérola
a parecer a lua

22.

o que for silêncio no tecer pérola
escrever letra por letra o novo diâmetro

23.

na orelha da avó
lua cheia que quase não vê
à luz do sol

uma areia antiga num prego de ouro
dois astros que se encontram

25.

costuras com fios de leite
estrelas em constelações
no teu busto
      supernovas de areia
      origem em um colo

26.

pérolas orbitam teu colo

em uma noite nua
        (luas novas são o alinhamento do sol)

todas as constelações com os dedos
        em ti invento signos
costurando na unha tuas sardas

27.

toda a tensão lunar
aprisionando a areia

à tua orelha
toda uma noite

enquanto valsas
campos em galáxias

28.

pele oceano
que distancia da praia

31.

ampulheta de pérolas
como luas que caem

aurora presa na transparência do vidro

32.

todo triângulos
o grão é inúmeras
dunas

33.

o grão engolido
na ventura
pelo tempo
permuta

só lhe é permitido o sol
no espelhar a lua

35.

os finos grãos de pérola
escorrem de suas mãos
ao vidro
ainda não sabem
que seu destino será
subir e descer essa ampulheta
ad infinitum (a forma a força)

vão vagar por um universo
sem perceberem-se

o novo é em si a repetição
do seu prévio

por ser areia
mesmo que cristal
jamais estará liberta

a ampulheta é o vidro em infinitos

36.

na orelha rara época
a lua cheia espelha nua
uma areia em pérola

37.

a constelação de pérolas
no peito que contém a
via láctea dos meus olhos

astrologia que preciso
no olhar tuas sardas

39. o único início das pérolas

areia estrelas em um só ponto
a primeira pérola é infinita
destrói-se galáxias em uma faísca
possibilidades agora soltas

areia apertada entre mar e terra
nenhuma ainda pérola realizada
destino que cabe ao vento ou à água
eras que encerram amarram alteram

do zero do grão se concentra o tudo
no núcleo da incógnita sonha mundos
luas pérolas nascem do mesmo pó

porém todas pérolas luas se encontram
em areia o único grão um corpo
limpas pelo tempo, lixa do sol

41.

o vidro é pérola superaquecida
transparente, como a voz
e denso

superado pela luz (e pela voz)
o vidro é experiência
de quem quer separar, fingindo
não fazê-lo

o vidro reto gela
o contato de nossas mãos

o vidro dobrado
sopra ângulos em meus olhos

43.

toda pérola aliena
toda areia para
se ver sob
o ouvido no espelho

45.

um retrato trancado no vidro
subindo e descendo a memória
reorganizando a ideia
de cada pérola

ampulheta é um quadro de escher

47.

quer tornar-se ela
a potência em pérola
em sua própria geometria

tentar
-se lua sendo
o máximo pérola

inventa a lua que pode
no escuro de uma espera

48.

o prego prata perpassa
a chaga na orelha

a ferida que conta a beleza

49.

um pequeno pó
de estrela entrelaçado

toda noite no teu ouvido
a lua sustenta

50.

a areia escorre das mãos
como a pedra de sísifo rola
a montanha após o dia

a ideia passo a passo avança
a montanha toda contra
cada grão

51.

cerco-me de pérolas
duras no pescoço

e percorro toda areia da noite
dançando uma só palavra

52.

entre o fino
do vidro
que chama
presente

qual a areia-agora?

ficar é um verbo
no futuro

53.

unidade de tempo
espaço caindo
da minha mão
sem a prisão do vidro: o vento

dissolve os limites
entre meu corpo e a praia

54.

os peixes entrando nas salas
e a água servindo-se de paredes

o que fica da areia
é o silêncio espelhado pela lua

55.

entre os espaços dedos
que não seguram as estrelas

a permanência de uma galáxia
em uma concha

58.

todo deserto que cai encobre

a primeira areia a desabar da nuvem

59.

areia: cores para o que é pedra no universo

63.

todo deserto
antes da praia

66.

toda a lava no núcleo
em cada lua que contorna

69.

escrevo na areia
areia
e a palavra
resiste até o som da onda

75.

areia: pérola que não repousa

81.

a areia é um fragmento da areia

PRÊMIO MARAÃ DE POESIA 2019

IDEALIZAÇÃO
Osório Barbosa

REALIZAÇÃO
Editora Reformatório

APOIO
Editora Patuá
Negrito Produção Editorial
Revista Lavoura

Esta obra foi composta em Scala e impressa
em papel bold 90 g/m², para a Editora Reformatório,
em outubro de 2020.